DAS HUNDE-BUCH

Zu Besuch bei Hunden aus aller Welt

Katie Viggers

Laurence King Verlag

Für Mum und die besten Hunde der Welt – Bob, Duke, Toby und Meg xx

LAURENCE KING

Laurence King Verlag GmbH
Jablonskistr. 27
10405 Berlin

Erschienen in Großbritannien 2023 unter dem Titel
A Book of Dogs (and other canines) bei Laurence King Publishing

Übersetzung von Frederik Kugler

Hergestellt in China, 1. Auflage Mai 2023

FSC www.fsc.org MIX Paper from responsible sources FSC® C104740

Laurence King
ist ein Imprint der
Hachette Children´s Group
Part of Hodder and Stoughton
Carmelite House
50 Victoria Embankment
London EC4Y 0DZ

einem Unternehmen von Hachette UK

www.hachette.co.uk
www.hachettechildrens.co.uk
www.laurencekingverlag.de

Inhalt

Lerne die Hunde kennen

Es gibt über 30 Hundearten. Die Art, die wir am besten kennen, ist der Haushund, aber zur Familie der Hunde gehören auch wildere Verwandte wie Wölfe, Füchse, Kojoten, Dingos und Schakale.

Ob wild oder domestiziert, diese pelzige Familie ist großartig! Und hier lernst du sie kennen.

Border Collie
Chihuahua
Deutsche Dogge
Pudel
Afrikanischer Wildhund

Arbeitshunde

Arbeitshunde sind starke, intelligente Hunde, die ursprünglich gezüchtet wurden, um Menschen bei körperlichen Aufgaben zu helfen.

Einige dieser fleißigen Hunde wurden zunächst in kälteren Klimazonen gezüchtet. Heute leben sie überall auf der Welt und werden oft als Haustiere gehalten.

SIBERIAN HUSKY

Siberian Huskys haben ein sehr dickes Fell, das sie in der eisigen Kälte der sibirischen Arktis warmhält. Sie wurden zum Ziehen von Schlitten gezüchtet und können stundenlang rennen.

NEUFUNDLÄNDER

Diese stattlichen Hunde stammen aus Kanada. Sie sind sehr stark und halfen Fischern, schwere Netze voller Fische einzuholen. Sie sind gute Schwimmer und haben sogar Schwimmhäute zwischen den Zehen!

BERNHARDINER

Diese sanften Riesen stammen aus der Schweiz. Sie wurden von Mönchen, die hoch oben in den schneebedeckten Alpen lebten, zunächst als Haustiere und Wachhunde gehalten, bevor sie zu Rettungshunden wurden.

Neufundländer sind sehr große Hunde. Ein Rüde kann bis zu 68 kg wiegen – das ist so viel wie ein erwachsener Mensch! Aber sie sind entspannt und freundlich und eignen sich gut als Haustiere.

AUGENFARBE

Sibirische Huskys haben wunderschöne Augen. Sie können braun oder blau oder eins braun und eins blau und sogar zweifarbig sein – also zwei verschiedene Farben im selben Auge!

Bernhardiner sind tolle Bergrettungshunde. Ihr erstaunlicher Geruchssinn hilft ihnen, Menschen zu finden, die von Lawinen verschüttet wurden. Außerdem haben sie riesige Pfoten, mit denen sie gut graben können.

Huskys wurden in Sibirien, Grönland und Alaska zum Ziehen von Schlitten eingesetzt. In einigen abgelegenen Gebieten werden diese Powerhunde auch heute noch gebraucht, um von A nach B zu kommen.

Hütehunde

Hütehunde wurden ursprünglich für die Arbeit auf Bauernhöfen und Farmen gezüchtet.

Sie sind auch beliebte Haustiere. Aber Achtung – sie brauchen viel Bewegung und haben einen ausgeprägten Hütetrieb!

BORDER COLLIE

Der hochintelligente Border Collie ist ein britischer Hütehund. Er hat meist ein schwarz-weißes Fell und eine weiße Schwanzspitze.

AUSTRALIAN SHEPHERD

Seinem Namen zum Trotz stammt der Australian Shepherd eigentlich aus Spanien und den USA.

BEARDED COLLIE

Dieser Collie stammt aus Schottland, wie die meisten Collies. Seinen Namen verdankt er seiner zotteligen Gesichtsbehaarung. (beard = Bart)

LANGHAARCOLLIE

Langhaarcollies stammen ursprünglich aus dem schottischen Hochland und sind traditionelle Schäferhunde. In den USA wurden sie zu sehr beliebten Haustieren, weil die TV-Serie *Lassie* einen Langhaarcollie als Star hatte!

Hütehunde, wie z. B. Border Collies, brauchen viel körperliche und geistige Anregung. Sie sind gehorsam und leicht zu trainieren.

KÖNIGLICHE LIEBLINGE

Königin Elizabeth II. liebte Corgis. Als sie 18 Jahre alt war, bekam sie ihren ersten eigenen Corgi, den sie Susan nannte. Nach Susan hatte die Königin im Laufe ihres Lebens noch über 30 Corgis.

Hallo! Ich bin ein Computer-Genie!
Border Collies haben einen so ausgeprägten Hütetrieb, dass sie am liebsten sogar Haushaltsgegenstände zusammentreiben würden!

Ich bin zwar klein, habe aber viel Power in meinen Beinchen!
Collies sind am glücklichsten, wenn sie Tiere hüten. Sie arbeiten gut im Team, um Nutztiere wie Schafe oder Gänse zusammenzutreiben und zu schützen.

Jagdhunde

Jagdhunde gibt es in allen Größen und Formen.

Sie werden in Stöberhunde, Vorstehhunde, Apportierhunde, Schweißhunde, Erdhunde und jagende Hunde eingeteilt. Sie werden aber auch gerne als Haustiere gehalten.

DACKEL

Mit ihrem langen, schlanken Körper und ihren kurzen, kräftigen Beinen zählen Dackel zu den Erdhunden und wurden speziell zur Jagd im Dachsbau gezüchtet.

BEAGLE

Diese Lauf-/Schweißhunde sind freundliche, fröhliche Hunde, die die Gesellschaft ihrer Menschen lieben. Snoopy von den *Peanuts* ist ein Beagle.

GREYHOUND

Greyhounds gelten als die schnellste Hunderasse – sie erreichen Geschwindigkeiten von bis zu 70 km/h! Diese schnellen Windhunde können auch im Dunkeln sehr gut sehen.

Jagd nach Geruch

Der Bloodhound ist der größte Lauf-/Schweißhund. Er hat lange Hängebacken und sabbert viel.

Mit einer Höhe von 20 cm ist der Dackel der kleinste Schweißhund.

Die Schlappohren des Basset Hounds helfen ihm, Gerüche vom Boden zu seiner sensiblen Nase zu wedeln.

SENSIBLE NASE

Beagles sind die besten Schnüffler. Sie können, wenn sie trainiert sind, bis zu 50 verschiedene Gerüche unterscheiden. Ihre breiten Nasenlöcher sind perfekt, um Gerüche wahrzunehmen.

Jagd auf Sicht

Sichthunde sind große Hunde und wurden in Hetzjagden eingesetzt, die heute in vielen Ländern verboten sind. Wenn sich eine Deutsche Dogge auf ihre Hinterbeine stellt, ist sie größer als die meisten erwachsenen Menschen!

Der Irische Wolfshund ist die größte Hunderasse der Welt – er kann so groß werden wie ein kleines Pony. Aufgrund seiner Größe kann er schwerfällig sein, aber die Rasse ist sanft und gutmütig.

Windhunde haben ein sehr kurzes Fell. Das bedeutet, dass ihnen schnell kalt wird, weshalb sie im Winter oft einen Mantel oder Pullover tragen müssen.

Der elegante Afghanische Windhund wurde zuerst in den Bergen von Afghanistan gezüchtet. Er hat ein langes, seidiges Fell, das ihn warmhält und oft gebürstet werden muss, damit es nicht verfilzt.

Apportierhunde

Apportierhunde sind Jagdhunde. Sie wurden gezüchtet, um Jäger*innen das erlegte Wild zurückzubringen.

Heute werden Apportierhunde meist als Familienhunde gehalten, weil sie so liebevoll und freundlich sind. Trotzdem wollen sie beschäftigt werden und brauchen viel Bewegung – und natürlich Liebe!

COCKER SPANIEL

Cocker Spaniels haben viel Energie und jagen oft Eichhörnchen auf Bäume. Sie sind die kleinsten Apportierhunde.

Golden Retriever ähneln Labrador Retrievern sehr, haben aber ein feines, langes, goldenes Fell.

ENGLISH POINTER

English Pointers wurden ursprünglich als Vorstehhunde eingesetzt, um kleine Tiere während der Jagd aufzuspüren. Wenn sie ihre Witterung aufgenommen hatten, blieben sie stehen und zeigten mit ihrer Nase in die Richtung des Wildes.

LABRADOR RETRIEVER

Labradore wurden einst in der Fischerei in Kanada eingesetzt, um Fische, die sich vom Haken befreit hatten, aus dem Meer zu apportieren.

LABRADOR-WELPEN

Labrador Retriever werden in drei Hauptfellfarben gezüchtet: Gelb, Schokoladenbraun und Schwarz. Erstaunlicherweise können gelbe Labradore Welpen in allen drei Farben in einem Wurf haben!

Labradore haben zwar süße, zarte Mäulchen, sollten aber besser nicht mit deinem Luftballon spielen.

Golden Retriever und Labrador Retriever sind gutmütige Fellnasen und auf der ganzen Welt als Haustiere beliebt. Sie lieben nichts mehr, als einem Ball hinterherzulaufen!

Retriever sind sportliche Hunde, die gerne herumlaufen und Ball spielen. Sie sind auch sehr leicht zu trainieren und werden oft als Assistenzhunde, Therapiehunde und Such- und Rettungshunde eingesetzt.

Zwerghunde

Zwerghunde wurden ursprünglich als Salon- und Schoßhunde gezüchtet.

Was ihnen an Größe fehlt, machen sie durch ihre Persönlichkeit wett!

CHIHUAHUA

Dieser nach dem mexikanischen Bundesstaat Chihuahua benannte Winzling zählt zu den beliebtesten Zwerghunderassen.

MALTESER

Dieses kleine Schoßhündchen mit seinem schicken, langen Haar ist eine uralte Rasse. Sie waren schon im Alten Rom beliebte Haustiere.

SHIH TZU

Shih Tzus stammen ursprünglich aus Tibet. Der Name „Shih Tzu" bedeutet „kleiner Löwe", aber sie sind alles andere als wild.

MOPS

Möpse stammen ursprünglich aus China. Man erkennt sie sofort an ihren runden, faltigen Gesichtern und den großen Knopfaugen. Ihre Fellfarben sind: Silber, Hellfarben, Apricot und Schwarz.

Möpse sind sehr gesellig und lieben es, im Mittelpunkt zu stehen! Sie sind auch sehr verfressen, weshalb man viel mit ihnen spielen und draußen spazieren sollte.

FLACHE GESICHTER

Sowohl Möpse als auch Shih Tzus wurden so gezüchtet, dass sie flache Gesichter und große Augen haben. Das hat sie zu sehr beliebten Haustieren gemacht und leider dazu geführt, dass sie aufgrund ihrer flachen Schnauze Schwierigkeiten mit dem Atmen haben können.

Der winzige Zwergspitz ist mit den viel größeren Spitz-Schlittenhunden verwandt. Er ist sehr mutig und hat keine Angst davor, größere Hunde herauszufordern!

Das flauschige Fell eines Zwergspitzes kann viele verschiedene Schattierungen von Weiß und Braun aufweisen und benötigt viel Pflege. Einige beliebte „Frisuren" lassen Zwergspitze wie Teddybären aussehen!

Terrier

Die furchtlosen und energischen Terrier wurden einst gezüchtet, um Schädlinge zu bekämpfen.

Die meisten Terrierarten stammen aus Großbritannien und wurden nach den Orten benannt, wo sie erstmals gezüchtet wurden. Sie sind meist klein und wurden darauf abgerichtet, kleinere Tiere aus ihren Bauten zu treiben.

BORDER TERRIER

Diese lebhaften kleinen Hunde stammen aus dem englisch-schottischen Grenzgebiet (border = Grenze). Sie haben ein drahtiges Fell und große Persönlichkeiten!

AIREDALE TERRIER

Der Airedale ist der größte aller Terrier. Er ist sehr intelligent und hat einen ausgezeichneten Geruchssinn.

SKYE TERRIER

Dieser Terrier stammt von der Insel Skye in Schottland. Die Rasse ist sehr selten. Er hat wirklich Augen und Beine unter dieser Menge an Fell!

Border Terrier haben viel Energie und lieben es, Eichhörnchen, Katzen und Vögel zu jagen. Eigentlich jagen sie so ziemlich alles, was sich bewegt!

TERRIER-SPORT

Der Jack Russel Terrier ist der Leistungssportler unter den Terriern. Er kann bis zu 1,5 m hoch springen!

Leider wurden Staffordshire Bullterrier früher dazu gezüchtet, gegen andere Hunde zu kämpfen. Dabei sind sie lieb, verspielt und richtige Grinsekatzen.
I'M A LOVER NOT A FIGHTER!
Mit 'ner Schaufel geht das viel schneller.
Jack Russel Terrier lieben es zu buddeln. Vor allem, wenn ihnen langweilig ist. Buddeln ist viel schöner, als drinnen festzusitzen!

Wölfe, Kojoten und Schakale

Wusstest du, dass Haushunde die Nachfahren von Wölfen sind? Lass uns einen Abstecher in die Wildnis machen und drei faszinierende Wildhundarten kennenlernen!

WOLF

Canis lupus

Der Wolf ist der größte Wildhund. Er lebt überall in Europa, Asien und Nordamerika in Wäldern, Wüsten und Graslandschaften.

KOJOTE

Canis latrans

Kojoten sind in Nord- und Mittelamerika beheimatet und eng mit den Wölfen verwandt. Sie leben in Familienverbänden und suchen in städtischen Gebieten nach Nahrung.

ÄTHIOPISCHER WOLF

Canis simensis

Äthiopische Wölfe gehören zu den am stärksten bedrohten Tierarten Afrikas. Sie leben in Familienverbänden und helfen einander bei der Aufzucht ihrer Jungen.

SCHABRACKENSCHAKAL

Canis mesomelas

Es gibt nur drei Schakalarten auf der Welt, und dies ist die kleinste und aggressivste.

MÄHNENWOLF

Chrysocyon brachyurus

Der Mähnenwolf sieht aus wie ein Schakal oder Fuchs mit den Beinen eines Rehs – und ist eigentlich kein Wolf! Er ist der größte Wildhund Südamerikas.

POLARWOLF

Canis lupus arctos

Diese Unterart des Wolfs lebt in der arktischen Tundra im Norden Kanadas und Grönlands.

Wölfe sind sehr soziale Wesen, die in Rudeln von bis zu 30 Tieren leben. Sie bellen, knurren und jaulen, sind aber vor allem für ihr Heulen bekannt. Rudelführer heulen, um die Gruppe wieder zusammenzubringen, wenn sie getrennt wurde.

Wölfe haben ein graubraunes Fell. Sie können aber auch schwarz oder sogar weiß sein.

Wölfe sind, wie alle Wildhundarten, Fleischfresser (Karnivoren). Sie jagen große Huftiere wie Elche und Hirsche, verspeisen aber auch kleinere Tiere wie Fische und Nagetiere.

Wölfe bringen ihren Nachwuchs in Höhlen zur Welt, wo sie bleiben, bis die Jungen groß genug sind, um mit dem Rudel weiterzuziehen.

Füchse

Es gibt über 30 verschiedene Fuchsarten, die auf allen Kontinenten außer Antarktika leben. Auf diese Seite hat sich jemand eingeschlichen, der nur dem Namen nach ein Hund ist. Findest du den Schummler?

LÖFFELHUND

Otocyon megalotis

Der Löffelhund lebt in den Graslandschaften und Savannen Afrikas. Seinen Namen verdankt er seinen erstaunlichen Ohren, die aussehen wie die einer langohrigen Fledermaus.

TIBETFUCHS

Vulpes ferrilata

Tibetfüchse leben in den Graslandschaften von Tibet, China, Indien und Nepal. Sie haben eine viereckige Kopfform und bauen ihre Höhlen unter Felsen und Steinen.

DARWIN-FUCHS

Lycalopex fulvipes

Der Darwin-Fuchs ist nach dem berühmten Naturforscher Charles Darwin benannt. Darwin entdeckte den Fuchs 1834 auf einer kleinen Insel vor der Küste Chiles. In freier Wildbahn gibt es nur noch weniger als 1.000 Exemplare.

WÜSTENFUCHS

Vulpes zerda

Der Wüstenfuchs stammt aus Nordafrika. Er ist die kleinste Fuchsart, hat dafür aber extragroße Ohren.

BENGALFUCHS

Vulpes bengalensis

Der Bengalfuchs lebt in Nepal, Pakistan, Indien und Bangladesch in den Ausläufern des Himalaya.

SILBERFUCHS

Vulpes vulpes

Silberfüchse sind eine Farbvariante der Rotfüchse. Sie haben ein schwarzes oder dunkelbraunes Fell mit weißen Spitzen, die es silbrig erscheinen lassen.

FLUGHUND

Yinpterochiroptera

Lass dich nicht täuschen! Dieser Flughund ist weder Hund noch Fuchs, sondern eine Fledermausart.

POLARFUCHS

Vulpes lagopus

Der Polarfuchs lebt in der kalten arktischen Tundra. Dieser Fuchs ist recht klein und hat einen großen, flauschigen Schwanz. Sein dichtes weißes Fell hält ihn warm und tarnt ihn im Schnee.

Im Frühjahr beginnen Polarfüchse, ihr dichtes weißes Fell abzuwerfen. Das dauert ein paar Monate, weshalb sie eine Weile ziemlich zerrupft aussehen können!

Wenn der Sommer kommt, hat der Polarfuchs sein Winterfell vollständig abgeworfen und gegen ein helleres, braunes Sommerfell getauscht.

Der Polarfuchs ist ein erfahrener Taucher. Zuerst wittert er die Bewegungen seiner Beute unter dem Schnee. Dann taucht er in den Schnee ein, um das Tier zu fangen, an das er sich leise herangeschlichen hat.

Der urbane Rotfuchs kann ebenfalls gut tauchen. Meist in Mülltonnen. Stadtfüchse sind erfahrene Aasfresser, die sich ihre Nahrung suchen, wo immer sie können.

ROTFUCHS

Vulpes vulpes

Der Rotfuchs ist der häufigste Fuchs der Welt. Er hat sich an das Leben in Städten und auf dem Land sowie in den Bergen und Graslandschaften angepasst.

Wildhunde

Es leben verschiedene Arten von Wildhunden auf der Welt. Wildhunde wurden nie domestiziert, sie haben also nie mit Menschen zusammengelebt. Hier sind einige Arten zu sehen, die sich als Hunde ausgeben, aber keine sind. Findest du die Schummler?

ROTHUND

Cuon alpinus

Es gibt viele Unterarten des Rothundes, die in Indonesien, China, dem Himalaya und in anderen Teilen Asiens leben.

DINGO

Canis familiaris dingo

Dingos sind Hunde, die vor Jahrtausenden verwilderten. Sie sind in Australien heimisch. Sie jagen oft Tiere, die viel größer sind als sie selbst – wie Kängurus.

WALDHUND

Speothos venaticus

Waldhunde sind sehr selten und leben in Teilen von Mittel- und Südamerika. Sie haben kleine Schwimmhäute an den Pfoten und sind entsprechend gute Schwimmer.

NEUGUINEA-DINGO

Canis hallstromi

Der Neuguinea-Dingo hat einen charakteristischen, hohen Heulton, in den andere Hunde fast wie im Chor einstimmen. Leider gibt es nur noch sehr wenige von ihnen in freier Wildbahn.

KURZOHRFUCHS

Atelocynus microtis

Diese Wildhunde leben im Amazonas-Regenwald. Ihre Schulterhöhe liegt bei etwa 36 cm. Ungewöhnlich ist, dass die Weibchen größer sind als die Männchen.

WASCHBÄRHUND

Nyctereutes procyonoides

Wie der Waschbär, sieht der ostasiatische Waschbärhund aus, als trüge er eine Maske. Er ist ebenfalls klein und stämmig. Er ist der einzige Vertreter der Hunde, der Winterruhe hält.

WASCHBÄR

Procyon lotor

Waschbären sind KEINE Hunde, aber die Ähnlichkeiten sind doch wirklich verblüffend, oder?

PRÄRIEHUND

Cynomys

Nein, Präriehunde sind auch keine Hunde – sondern Nagetiere.

AFRIKANISCHER WILDHUND

Lycaon pictus

Der Afrikanische Wildhund ist ein gefährdeter, in Afrika beheimateter Wildhund. Sein Revier kann riesig sein, und er legt große Entfernungen zurück, um Nahrung zu jagen. Er lebt in großen Rudeln von 7 bis 15 Tieren.

Afrikanische Wildhunde sind sehr sozial und kümmern sich gemeinsam um die Welpen des Rudels. Wenn ein Tier aus dem Rudel krank wird oder verletzt ist, bleiben die anderen bei ihm und pflegen es.

Afrikanische Wildhunde haben ein mit braunen, rötlichen, gelben und weißen Flecken durchsetztes Fell, sodass sie aussehen wie angemalt.

Hunde mit Jobs

Früher wurden Hunde hauptsächlich für bestimmte Aufgaben gehalten, wie Jagen und Fischen. Heute leben die meisten Hunde ein gemütliches Leben als Haustiere, aber es gibt noch immer einige Rassen, die wichtige Jobs haben.

POLIZEI- UND MILITÄRHUNDE

Deutsche Schäferhunde arbeiten oft mit der Polizei und dem Militär zusammen. Sie bilden sogar eine eigene Polizeieinheit, die K9. Schäferhunde sind unglaublich treu und sehr leicht zu erziehen. Sie sind große Hunde und eignen sich hervorragend als Wachhunde.

SUCH- UND RETTUNGSHUNDE

Collies sind nicht nur großartige Hütehunde, sie können auch als Such- und Rettungshunde eingesetzt werden. Sie haben einen ausgezeichneten Geruchssinn und hören gut auf Kommandos.

WASSERRETTUNG

Neufundländer arbeiten oft in der Wasserrettung. Die Schwimmhäute zwischen ihren Zehen machen sie zu guten Schwimmern. Ihre Größe und Kraft hilft ihnen dabei, Menschen in Sicherheit zu bringen, die im Wasser in Not geraten sind.

SPÜRHUNDE

Hunde haben einen unglaublichen Geruchssinn und werden daher oft als Spürhunde eingesetzt. Diese talentierten Vierbeiner sind darauf trainiert, illegale Substanzen wie Drogen und Sprengstoff oder vermisste Personen aufzuspüren.

Beagles arbeiten oft an Flughäfen, wo sie Gepäck nach verdächtigen Gerüchen abschnüffeln.

ASSISTENZHUNDE

Labradore werden häufig als Assistenzhunde eingesetzt. Diese sanftmütige Rasse kann darauf trainiert werden, sehbehinderten, tauben oder hörgeschädigten Menschen zu helfen.

Blindenhunde sind darauf trainiert zu wissen, wann es sicher ist, eine Straße zu überqueren. Sie merken sich auch die üblichen Wege ihrer sehbehinderten Menschen.

THERAPIEHUNDE

Viele Hunderassen, wie Pudel, Retriever und Möpse, können ausgebildet werden, um Menschen emotional zu unterstützen. Therapiehunde werden oft zu Patient*innen in Krankenhäusern mitgenommen. Hunde zu streicheln, kann Menschen glücklich machen!

Kommunikation

Hunde kommunizieren auf viele verschiedene Arten – es wird also nicht nur gejault und gebellt. Sie setzen ihren ganzen Körper ein, um mit uns und miteinander zu kommunizieren.

SCHWANZWEDELN

Wenn ein Hund seine Rute in einer kreisförmigen Bewegung wedelt, sagt er uns, dass er glücklich ist. Bei manchen Hunderassen wackelt dann sogar der ganze Hintern mit!

EINGEKLEMMTER SCHWANZ

Ein anderes Zeichen für Angst oder Stress ist eine zwischen den Hinterbeinen eingeklemmte Rute.

ZÄHNE

Hunde knurren und zeigen ihre Zähne, wenn sie sich von einem anderen Hund oder einem Menschen bedroht fühlen.

OHREN

Hunde legen ihre Ohren an, wenn sie Angst haben.

SCHNÜFFELN

Alle Hunde lieben es zu schnüffeln. Das ist ihre Art, einen anderen Hund zu begrüßen. Durch Schnüffeln können sie herausfinden, ob ein anderer Hund gesund, glücklich, männlich oder weiblich ist.

Sie beschnüffeln einander die Nasen...

....und die Hinterteile. Iihh!

VERSPIELT

Man kann erkennen, ob Hunde in Spiellaune sind. Sie rollen sich dann auf den Rücken oder senken ihre Vorderpfoten und strecken ihren Hintern in die Luft. Das bedeutet: „Ich bin bereit zum Spielen!"

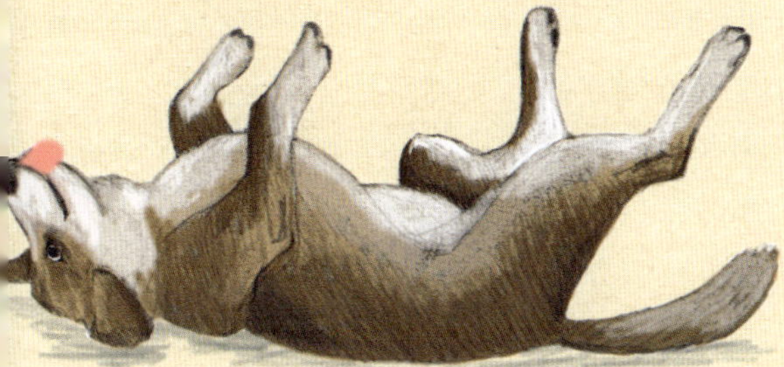

HUNDETRAINING

Haushunde können darauf trainiert werden, Grundkommandos wie „Sitz!", „Bei Fuß!", „Platz!" und „Gib Pfötchen!" zu befolgen. Hunde geben oft Pfötchen als Zeichen der Zuneigung und um die Aufmerksamkeit ihrer Menschen zu gewinnen.

HEULEN

Manche Hunde heulen, wenn sie allein zu Hause sind. Sie vermissen ihre Menschen einfach zu sehr.

BELLEN

Bellen kann stören, aber viele Hunde bellen, wenn jemand an der Haustür klopft. Das ist ihre Art, „Das ist MEIN Haus!" zu sagen.

MARKIEREN

Hunde und Wildhunde markieren ihr Territorium mit Urin. Das ist ihre Art, andere Hunde zu informieren, dass sie hier waren.

Agility-Training

Haushunde müssen täglich trainiert werden. Die meisten stecken voller Energie, und wenn sie sich nicht austoben, langweilen sie sich und machen Dinge kaputt. Agility-Training hält Körper und Geist des Hundes fit.

Hunde können darauf trainiert werden, schnell um Slalomstangen zu laufen …

Agility-Turniere sind Wettkämpfe, bei denen Hunde um Trophäen konkurrieren.

Manche Menschen nehmen ihre Hunde aber auch nur zum Spaß und zur Übung auf Agility-Plätze mit, die wie Spielplätze für Hunde sind!

Einige Hunde laufen jedoch lieber frei!

... oder durch Ringe zu springen oder durch Tunnel zu laufen.

Einige Hunde lassen sich einfacher trainieren als andere. Border Collies, Labradore und Jack Russell Terrier lernen gerne, während Füchse eher lernunwillig sind.

Sie können sogar darauf trainiert werden, über eine Wippe zu laufen.

Windhunde, Afrikanische Wildhunde und Wölfe sind großartige Läufer. Wildhunde absolvieren kurze Sprints, um ihre Beute zu fangen, und legen bei der Jagd große Entfernungen zurück.

Wildhundkarte

Hier siehst du die Orte, an denen du am ehesten auf die in diesem Buch vorgestellten Wildhunde treffen wirst. Die meisten Haushunderassen leben überall auf der Welt, während Wildhunde weniger verbreitet sind.

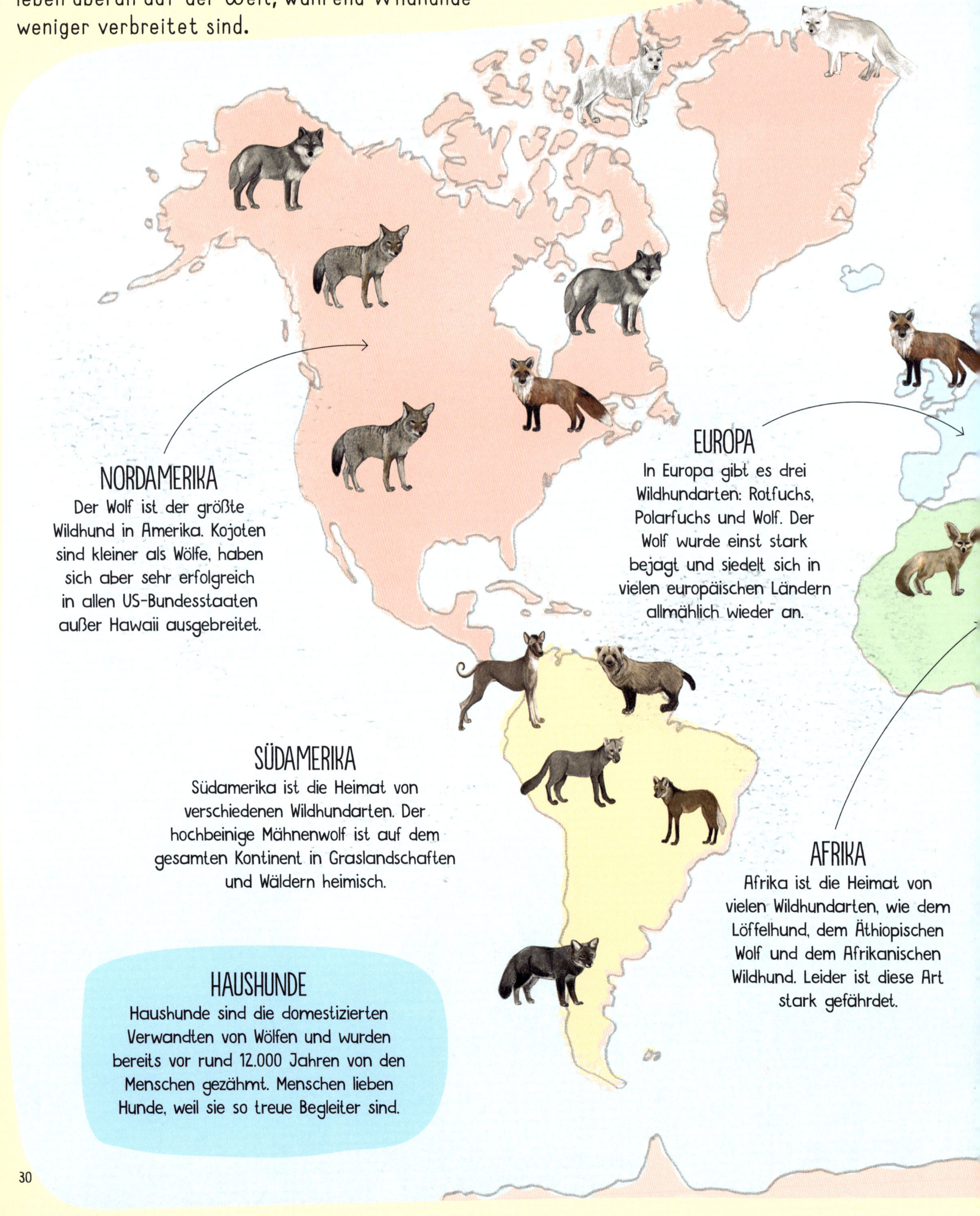

NORDAMERIKA

Der Wolf ist der größte Wildhund in Amerika. Kojoten sind kleiner als Wölfe, haben sich aber sehr erfolgreich in allen US-Bundesstaaten außer Hawaii ausgebreitet.

EUROPA

In Europa gibt es drei Wildhundarten: Rotfuchs, Polarfuchs und Wolf. Der Wolf wurde einst stark bejagt und siedelt sich in vielen europäischen Ländern allmählich wieder an.

SÜDAMERIKA

Südamerika ist die Heimat von verschiedenen Wildhundarten. Der hochbeinige Mähnenwolf ist auf dem gesamten Kontinent in Graslandschaften und Wäldern heimisch.

AFRIKA

Afrika ist die Heimat von vielen Wildhundarten, wie dem Löffelhund, dem Äthiopischen Wolf und dem Afrikanischen Wildhund. Leider ist diese Art stark gefährdet.

HAUSHUNDE

Haushunde sind die domestizierten Verwandten von Wölfen und wurden bereits vor rund 12.000 Jahren von den Menschen gezähmt. Menschen lieben Hunde, weil sie so treue Begleiter sind.

ASIEN

Asien ist die Heimat von vielen Wildhunden, wie die des Rothunds. Rothunde leben in verschiedenen Lebensräumen in Zentral-, Süd- und Südostasien und sind, hauptsächlich aufgrund von Bejagung und Krankheiten, vom Aussterben bedroht. In Asien gibt es auch viele Fuchsarten, darunter den Tibet-, Bengal- und Rotfuchs.

AUSTRALASIEN

In Australien gibt es nur einen Wildhund – den Dingo. Dingos sind geschickte Jäger, die von großen Säugetieren bis hin zu Vögeln und Reptilien alles fressen.

Mischlingshund

Ein Mischlingshund (oder kurz „Mischling") ist ein Hund, dessen Eltern nicht derselben oder keiner Rasse angehören. Mischlinge sind freundlich und eignen sich hervorragend als Familienhunde.

NEUE RASSEN

Hunde, die aus zwei anerkannten Rassen hervorgehen, können manchmal eine eigene Rasse bilden! Errätst du, aus welchen Rassen diese Mischlinge entstanden sind?

MISCHLINGE

Mischlinge können das Ergebnis vieler verschiedener Rassen sein. Sie können das Fell von einer, die Ohren von einer anderen und die Beine von einer dritten Hunderasse haben!

TIERHEIMHUNDE

Tierheime bieten Hunden, die kein Zuhause haben, Futter, Liebe und ein warmes Bettchen. Hunde aus Tierheimen zu adoptieren, ist eine gute Sache. Trotzdem musst du einige Dinge beachten. Sie müssen jeden Tag spazieren geführt werden, und du brauchst Geduld, um sie zu trainieren und dich um sie zu kümmern.